GRAFFITI

POESÍA

HUERGA & FIERRO EDITORES

HUERGA Y FIERRO EDITORES, S. L. U.
C/ SEBASTIÁN HERRERA, 9
28012 MADRID (ESPAÑA)
TELÉFONO: 91 467 63 61
E. MAIL: huerga@huergayfierro.com
WEB: www.huergayfierro.com

PRIMERA EDICIÓN
2024

DISEÑO DE ÁNGEL LUIS VIGARAY

DEPÓSITO LEGAL: M-14120-2024 — I. S. B. N: 978-84-128849-8-2
IMPRESO EN ROMADAC Industria del Libro.
IMPRESO EN ESPAÑA

DÍES DE DAQUIÉN
DÍAS DE ALGUIEN

Javier Olalde

DÍES DE DAQUIÉN
DÍAS DE ALGUIEN

JAVIER OLALDE

Edición bilingüe

GRAFFITI

HUERGA & FIERRO EDITORES

DÍES RELLUMANTES
DÍAS REFULGENTES

PONTE ensin ríu
dende una oriella a la otra de la nueche.

Imaxes sonores
tres el trechu del alba y l'esconsueñu.

Llegó y nun tenía respuestes
sinón constancies nos güeyos, foles
y brisa arrodiando-y la cintura.

Y unxóse d'esplendor
col ximielgu del pinu y la palmera,
l'ablancazáu azul que-y esllumaba
y la resuelta llinia onde la llende.

Taba ellí, asocedía.

PUENTE sin río
desde una orilla a la otra de la noche.

Imágenes sonoras
tras el trecho del alba y la deriva.

Llegó y no tenía respuestas
sino constancias en los ojos, olas
y un repente de brisa en la cintura.

Y se ungió de mutismo
con el flamear del pino y la palmera,
el blanquecino azul que le cegaba
y la resuelta línea donde el límite.

Estaba allí, ocurría.

ROTUNDU azul de mar
y aquel arramamientu de lluz del mediudía.

Mirar foi l'únicu oficiu indispensable.

Apenes páxaros esnalaron el tupíu sofocu
sacante glayíos lloñe
o'l monocorde canturriar del cucu
y, al fin, una andarina solitaria.

Afayadizu decoráu.

Buscaba'l día aliendu na solombra.

GRÁVIDO azul de mar
y aquel derramamiento de luz del mediodía.

Mirar fue el único oficio indispensable.

Apenas pájaros surcaron el tupido sofoco
salvo graznidos a lo lejos
o el canturreo monódico del cuco
y, al fin, la golondrina solitaria.

Quietud de decorado.

Buscaba el día un hálito de sombra.

CALMU esbarrumbu.

Allóñase,
envuélvese de lluz
y el tiempu mana sobre'l cuerpu
estendíu na densa llevedá de la hora
a tresmano y balera.

Sentir solo da alcance al desbentíu,
la pacible cayida.

Esvanezse imantáu
pela mansa fondura que-y apremia
escontra la muerte momentánea.

Floten ales nel chornu
y un marmullu de mar
asordecíu.

CALMO derrumbe.

Se ausenta,
se guarnece de luz
y el tiempo mana sobre el cuerpo
extendido en la densa levedad de la hora
a trasmano y fluente.

Sentir solo da alcance al precipicio,
la desenvuelta caída.

Se diluye imantado
por la pródiga hondura
que le urge hacia la muerte momentánea.

Flotan afuera
alas y un murmullo de mar
indiscernibles.

INGRIENTE claridá sobre los párpagos.

Batisti ales falcaes
y xubisti pel aire
p'algamar de nuevo otru presente,
hasta atopate, ser
otru calce de ti, otru
distintu, tu mesmu
y otru.

Sobrevieno entemedios
una coreografía solemne de gaviotes.

Imaxinabes,
inflamáu de lluz.

QUEMANTE claridad sobre los párpados.

Batiste alas falcadas
y remontaste el aire
para alcanzar de nuevo otro presente,
hasta encontrarte, ser
otro cauce de ti, otro
distinto, tú mismo
y otro.

Sobrevino entremedias
una coreografía solemne de gaviotas.

Imaginabas,
inflamado de luz.

DESPIADADA la lluz.

Esnalen díes los páxaros
escontra otros díes.

Inapreciable,
sonce declinación del tiempu
sol cegador rellume.

Oscilen brillos
nos poblaos flecos de les palmes
cuasi ensin brisa.

Galbanosa mirada.

DESPIADADA la luz.

Vuelan los días los pájaros
hacia otros días.

Mansa,
tarda declinación del tiempo
bajo el resplandor tórrido.

Fluctúan los brillos
en los poblados flecos de las palmas
al son del aire.

Sosegada fugacidad.

UN RECOSTASE sele
y esi desfacimientu caldiu del branu.

Afayadizu, l'aire crez sobre la piel
na solombra de la mañana treslllúcida
con mar al fondu
y la bandada de gaviotes
onde les teyes altes y calientes.

Los pensamientos tracen aldos sonces
turbaos pola lluz y l'abandonu.

Insensible,
desúrdese la hora.

Solombra del llimoneru,
pente les cañes
deos de lluz esploren la clarixa.

UN RECLINAR de hombros
y ese desposeimiento caldeado del verano.

Cauto, el balanceo del aire crece sobre la piel
en la sombra de la mañana diáfana
con mar al fondo
y la bandada de gaviotas
sobre las tejas altas y calientes.

Los pensamientos trazan rumbos lentos
turbados por la luz y la indolencia.

Insensible,
letárgica se desurde la hora.

Sombra del limonero,
entre las ramas
dedos de luz exploran la penumbra.

CUANDO los díes
namás tienen esa constancia de lo claro
y del escaecimientu,
y un apenes llatíu
amuesa'l pensamientu de la cercana perda,
bebes el vinu fresco
ante l'anchu horizonte recortáu
y los rumores entemecíos.

Más allá tou sigue a la espera
llantáu nel trayeutu, ensin anunciu,
a la hora debida,
puntual y minuciosu.

Ayenu,
crucia dafechu'l balandru la to mirada
y tasties el suerbu frío na tarde
desvistida pola nidia lluz.

CUANDO los días ahora
tienen esa constancia de lo claro.
y del olvido,
y una apenas punzada
delata el pensamiento de la cercana pérdida,
bebes el vino fresco
ante el ancho horizonte recortado
y los rumores serpenteantes.

Más allá todo sigue a la espera
plantado en el trayecto, sin anuncio,
a la hora debida,
puntual y minucioso.

Ignorándolo,
cruza entera el balandro tu mirada
y paladeas el sorbo frío en la tarde
desvestida por la nítida luz.

LLUEU,
onde la encruciyada del día y la presencia,
foi esi momentu repentín de la moyada forma
y la mirada empobinada na guapura.

Esllumar intautu de lo pleno
pa dacuando los tiempos alcen telones señardosos
sobre llexanos xestos y llugares.

Curtia acordanza duradera.

LUEGO,
donde la encrucijada del día y la presencia,
fue ese momento súbito de la mojada forma
y la mirada absorta en la hermosura.

Fascinación intacta de lo pleno
para cuando los tiempos alcen telones taciturnos
sobre parcas jornadas y confines.

Efímera memoria perdurable.

ENREDARON les sos pieles
por más que nidiu reflexaren el llustre
encesu de la tarde
y el resol qu'abrillanta corones de palmeres.

Rellumante, abismada pasión.

ENREDARON sus pieles
por más que terso reflejasen el lustre
desbordado de la luz de la tarde
y el resol que abrillanta coronas de palmeras.

Reverberante pasión ensimismada.

CALLASTI'l xaréu internu,
les abondantes voces,
y afuera circunvalaben andarines
—seis, siete, ocho...— celebrándose
na folgancia del esnalíu.

Callabes
y el sol foise adientrando silenciosu
hasta nun distinguilu, hasta inundate.

Anque ensin priesa,
nun llegó a detenese la mañana.

CALLASTE la batahola interna,
el sinfín de las voces,
y extramuros circunvolaban golondrinas
—seis, siete, ocho...— celebrándose
en la holganza del vuelo.

Callabas
y el sol se fue adentrando en el mutismo
hasta anegarte, hasta cegarlo.

La mañana no llegó a detenerse
aun cuando lenta.

L'ESCOLORÍU cielu, onde'l mar,
reposa sofitáu pol horizonte.

Apigazando,
pienses en díes desconocíos,
aiciones y pallabres
destinaes a ser tuyes,
y na imaxe sollerte del espeyu,
inumberable rostru.

Agora'l tautu sele de la solombra
enfresca la mirada
y una pluma perdida baxa planiando
al so vagar.

EL ZARCO cielo, donde el mar, reposa
apuntalado por el horizonte.

Piensas, mientras, en días desconocidos,
palabras y momentos destinados
a ser tuyos,
y en la imagen versátil del espejo,
evanescente rostro.

Ahora el tacto sereno de la sombra
refresca la mirada
y una pluma perdida desciende planeando
blanca y leve.

NUN esperes.

Y mentanto la hora
confunde'l mar al sur, cielu yá tou,
ensin distancia
pente'l gris y l'azul atapecío.

Nun descanses,
sigues,
remaneces colando hacia poniente.

No esperas.

Y entretanto la hora
confunde el mar al sur, ya todo cielo,
sin distancia
entre el gris y el azul espeso del crepúsculo.

No esperas,
continúas,
te alejas de la noche hacia poniente.

DÍES D'ÁRBOLES Y PÁXAROS
DÍAS DE ÁRBOLES Y PÁJAROS

YERA l'abrasamientu de la lluz,
agostu mientres.

Hubo un tiempu lacónicu
onde alvertir l'ausencia de los páxaros
y nun pensar más lloñe.

Los güeyos deteníos
na presencia vacía de la cai
y aquella antemanada morrina de les fueyes.

Tiempu ente los deos.

ERA el abrasamiento de la luz,
agosto mientras.

Hubo un tiempo lacónico
donde advertir la ausencia de los pájaros
y no alcanzar más lejos.

Los ojos detenidos
en la presencia sola de la calle
y aquella prematura mortandad de las hojas.

De modo súbito.

UNA a una
cayen al suelu les fueyes doraos de l'alcacia
pa llantar la solombra del próximu branu.

UNA a una
caen al suelo las hojas doradas de la acacia
para plantar la sombra del próximo verano.

L'ÁRBOL xesticula
solmenáu pol vientu
y ente'l ramascu escuru la palomba
mimetízase col árbol.

Un llaciu sol cuelga de les fachaes
y pinga clareyando les ceres
y los güeyos.

Encalma al poco l'aire
y, repentina, esnala la palomba.

EL ÁRBOL gesticula
batido por el viento
y entre el ramaje oscuro la paloma
se mimetiza con el árbol.

Un lacio sol cuelga de las fachadas
y gotea en las aceras
clareando los pasos y las frentes.

Se encalma al poco el aire
y, repentina, vuela la paloma.

ÁSCUARES de sol
sobre corteya húmedo.

Tueru
creciu escontra la lluz.

Tres escamplar el bastiu
rellumen diamantes
nes cañes austeres de l'alcacia.

ASCUAS de sol
sobre corteza húmeda.

Tronco
crecido hacia la luz.

Tras el caudal del aguacero
brillan diamantes
en las ramas austeras de la acacia.

QUÉ FÁCIL
dacuando'l vuelu xustu de la fueya
sobre'l rizu del vientu
nes serondes prematures y baleres
onde'l reposu de los páxaros.

Y entós esi dexase tar
na mirada inmóvil del que medita,
seles, concordes,
acompañaos pol silenciu pensatible,
mentanto cualquier historia del futuru
aguarda pa facese.

Quietú nel intre.

QUÉ FÁCIL
a veces el vuelo justo de la hoja
sobre el rizo del viento
en los otoños prematuros e indescifrables,
cuando el reposo de los pájaros.

Y entonces ese dejarse estar en la mirada inmóvil
del que medita, ledos, concordes,
acompañados por el silencio pensativo,
entretanto la historia de los hechos futuros
aguarda para hacerse.

Quietud
por un instante.

FUEYES
danzando nel filu la cayida
del ramascu desnudu.

Cotidiana catástrofe.

L'árbol,
resumíu y firme, espera
ensin saber qué nin por qué espera
y l'home,
embaíu, ensin velu, pasa al so llau,
anónimos los dos.

HOJAS secas
danzando al borde de la caída
en el ramaje enjuto.

Mortandad cotidiana.

El árbol, desnudo y firme, espera
sin saber por qué espera
y el hombre, sin prisa y distraído,
pasa a su lado, anónimos los dos.

LES DOS palombes
y otra que vien y va
caminen pela cera picotiando.

Quiciabes nun son les del pasáu iviernu,
¿pero a quién-y esmolez?

Dos grises y una blanca.

LAS DOS palomas
y otra que viene y va
caminan por la acera picoteando.

Tal vez no son las del pasado invierno,
¿pero a quién le preocupa?

Dos grises y una blanca.

RECONÓZOTE,
tabes alta, nel cénit del árbol,
columbrando l'alba y l'escurecer,
adelantada del sol y de la lluvia,
allugada nel aire.

Reconózote agora nel suelu,
cetrina de final,
muerta ensin llende.

Y nun puedo facer nada.

TE RECONOZCO,
estabas alta, en el cenit del árbol,
vigía del clarecer y del crepúsculo,
adelantada del sol y de la lluvia,
hermosamente verdecida.

Te reconozco ahora sobre el suelo,
cetrina de final,
muerta incesante.

Y no puedo hacer nada.

BAXO les enramaes
vacíes, el paséu espera,
aterecíu de grisor,
les solombres del branu.

Caldía ye un día más
acantonáu nel fadiu de los díes baleros
del final del iviernu,
cuando s'estiende'l sol ainda argayadizu
sobre los andamios desnudos de les cañes
y la busca perenne de les palombes
pente los bancos solitarios.

Un día ensin más señes.

BAJO las enramadas
vacías, el paseo espera,
aterido de grises,
las sombras del verano.

Cada día es un día más
acantonado en el hastío de los días triviales
del final del invierno,
cuando se extiende el sol aún quebradizo
sobre los andamiajes desnudos de las ramas
y la búsqueda inagotable de las palomas
entre los bancos solos.

Un día sin más señas.

LA DESPOBLADA arboladura de los pládanos
na cai vacía.

Y la mirada sola.

LA DESPOBLADA arboladura de los plátanos
en la calle vacía.

Y la mirada sola.

VAGU tar, ensin otru daqué
más allá del momentu de la nueche o'l día.

O nun tar.

Árboles ivernizos cuerpu a tierra,
revistíos de nieve,
nel intre del esmolecimientu
y l'esbarrumbu.

Y un esiliu transitoriu de páxaros.

Díes darréu.

PARCO estar, sin otra consecuencia
más allá del momento de la noche o el día.

O no estar.

Árboles invernales cuerpo a tierra,
revestidos de nieve,
en el trance del anonadamiento
y la devastación.

Y un exilio transitorio de pájaros.

Se suceden los días y las noches.

SER árbol
y tar muertu
y nun tener memoria
d'aquel erguese al día
ensin entrugues
y el clamor de los páxaros y el vientu
solmenando les cañes
y el sol y l'agua
rellumando nes fueyes.

¿Quién va acordase del árbol
y quién del que s'acuerda?

SER árbol
y estar muerto
y no tener memoria
de aquel erguirse al día
incontestable
y el clamor de los pájaros y el viento
zarandeando las ramas
y la lluvia y el sol
centelleando en las hojas.

¿Quién recordará al árbol
y quién al que recuerda?

DAQUIÉN
ALGUIEN

SI NUN tuvieres
tou trescurriría ensin ti
y ella o él
tampoco dexaríen de namorase.

Asocedería lo mesmo
aproximadamente.

El día y la nueche compartiríen les cais
col agua y los gurriones,
daquién habría que viviría na casa
y naide tendría acordances tuyes.

Desconoces
qué ausencia tas supliendo.

Intercambiables.

SI NO estuvieras
todo transcurriría sin ti
y ella o él
también se habrían enamorado.

Sucedería lo mismo
aproximadamente.

El día y la noche compartirían las calles
con los gorriones y la lluvia,
habría alguien que viviría en tu casa
y nadie tendría recuerdos tuyos.

Desconoces
qué ausencia estás supliendo.

Intercambiables.

NUN LLOGRASTE reconocete,
siempre fuisti otru.

Y nun lu sabes.

Daquién agüéyate na to mirada.

NUNCA HAS LOGRADO reconocerte,
siempre fuiste otro.

Y no lo sabes.

Alguien te observa en tu mirada.

Y TU, abiertu a desbentíos ensin atayos
y a sentimientos indefinibles,
guardián de díes fugaos y esmemories,
fartu de ti dacuando o desertor cumplíu,
prauticando'l ritual del cambéu constante,
desacobardáu y entrópicu ensin remisión
nin estima,
ún ente tantos,
como quien caminaba pel Lower East Side
xuntu a Allen Ginsberg ensin alvertilu.

¡Guardái los neños!

Y TÚ, abierto a precipicios sin atajos
y a sentimientos indefinibles,
guardián de días en fuga y desmemorias,
harto a veces de ti o desertor cumplido,
practicando el ritual del cambio permanente,
intrépido y entrópico sin remisión
ni estima,
uno cualquiera,
como quien caminaba por el Lower East Side
junto a Allen Ginsberg sin saberlo.

¡Guardad los niños!

YERA, YERES esi intre
d'una güeyada que nun recuerdo,
que nun t'acuerdes.

Orniamentales
imaxes de pasu na retina.

Agua sobre'l mar.

ERA, ERAS ese momento mínimo
de una mirada que no recuerdo,
que no recuerdas.

Ornamentales
imágenes de paso en la retina.

Lluvia sobre el mar.

DENDE l'autobús de la llinia 147
vime caminando pela cera de Gran Vía
ente l'ensame,
pero cuasi nun me reconocí
ún ente tantos unos,
columbrándome,
asemeyáu,
ún ente tantos,
yo, tu, él, ella,
nel ensame,
nós,
darréu.

DESDE el autobús de la línea 147
me he visto caminando
por una acera de Gran Vía
entre la multitud,
pero casi no me he reconocido,
uno entre tantos unos,
divisándome
uno entre tantos
idénticos,
yo, tú, él, ella,
entre la muchedumbre,
nosotros,
fugazmente.

PRESENTE

Que tea yo muertu agora
y tu reincidas nel mesmu rellatu.

PASÁU

Que nun nacieres ainda
y yo repita la historia precedente.

FUTURU

Incorrexible.

DIVISA

Redundancia.

PRESENTE

Que esté yo muerto ahora
y tú reincidas en el mismo relato.

PASADO

Que no hayas nacido todavía
y yo reitere la historia precedente.

FUTURO

Incorregible.

DIVISA

Redundancia.

1

LA MIRADA nel intre
váse-y a les altures
mientres xibla
una canción duldosa
y la ciudá nun se detién.

Aformiga la cera.

Pasu a pasu
l'ensame amazcáralu.

2

¿Y quién alvierte l'ecu de la voz
nel rumor hinchíu de la cai?

¿Ónde?
¿Cuándo?

Individuu,
indivisible.

Ún.

1

POR UN INSTANTE la mirada
se le va a las alturas
mientras silba
una canción dudosa
y la ciudad no se detiene.

Hormiguea la acera.

Paso a paso
la muchedumbre lo enmascara.

2

¿Y quién advierte el eco de la voz
en el rumor henchido de la calle?

¿Dónde?
¿Cuándo?

Indivisos,
reos de soledad.

Cualquiera.

3

Iguales que la yerba
al fin.
Ensames.

Tallos,
xente
remaneciendo.

4

Naquella ciudá
naide más t'escaeció.

Solo ún,
el que te conocía.

5

Ensin memoria,
pexes nel estanque.

Pexes
ensin acordanza.

3

Iguales que la hierba
al fin.
Multitudes.

Tallos,
gente
renovándose.

4

En aquella ciudad
nadie más te ha olvidado.

Solo uno,
el que te conocía.

5

Sin memoria,
peces en el estanque.

Peces
sin recuerdo.

RECUERDA'l mar
y aquello que nun yeres:

nin náufragu, nin fola,
llampariegu o tolina,
roqueru, faru, cai,
nin velame, nin aldu.

Yeres tu, irrepetible,
sobre'l cantil cimeru.

La clásica secuencia
d'una figura inmóvil
frente'l mar. El semblante
embaíu, en primer planu.

Yeres tu
y la to suerte.

RECUERDA el mar
y aquello que no eras:

ni náufrago, ni ola,
cormorán o dorada,
ni escollo, faro o muelle,
ni espináker al viento.

Eras tú, irrepetible,
sobre el cantil rocoso.

La clásica secuencia
de una figura inmóvil
frente al mar. El semblante,
abstraído, en primer plano.

Pero eras tú
y tu suerte.

EL VOLTIAR del planeta
compón la cadencia de los díes.

La tresllación alredor del sol
causa los equinoccios y solsticios.

Tu inflames l'amor
y lu amenorgues.

Toos
somos tu.

LA ROTACIÓN del planeta
compone la cadencia de los días.

La traslación alrededor del sol
causa los equinoccios y solsticios.

Tú enciendes el amor
y lo sofocas.

Todos
somos tú.

Cumpramos o que somos.
Nada mais nos é dado.

F. PESSOA

NUN AMANEZAS con sueños prodixosos
que nun te pertenecen.

Nunca nun vas ser dalgún rellatu
nel que escapes de les tos manes
esguilando la lluvia
y travieses les uves doraes y les pontes
hasta allugate nesa páxina
que'l suañu t'anticipa.

Nun esisten los espeyos
onde foi otra la to historia.

Nun t'escueyes.

Cumpramos o que somos.
Nada mais nos é dado.
F. PESSOA

NO AMANEZCAS con sueños promisorios
que no te pertenecen.

Nunca serás algún relato
en el que escapas de tus manos
escalando la lluvia
y atraviesas las uvas doradas del otoño
para alcanzarte en esa página
que el sueño te promete.

No existen los espejos
donde tu historia fue otra.

No te eliges.

NAMÁS SIENTES
el bulliciu de la ciudá
y el pasu de la rapaza seria
que daquién besaría ente los árboles.

Nun sientes namás
porque'l día va escontra la nueche
y anubre yá la lluz,
y mañana comienza
a ser de nuevo'l día.

Y tu nun sientes nada
que nun sía l'impulsu
qu'asocede y t'apura.

Na to xera.

NO SIENTES nada
más allá del bullicio inconmovible
y el paso de la muchacha seria
que alguien habrá besado entre los árboles.

No sientes nada
porque el día te empuja
hacia la noche
y la tarde ya es breve,
y mañana comienza
a ser de nuevo el día.

Y tú no sientes nada
que no sea el impulso
que sucede y te urge.

Sin pausa,
a puro tiempo.

NACEN díes adversos,
díes aciagos, con cais
peles que cuerre un aire de rigores
y l'ecu d'esbarrumbos
onde exerces el to oficiu de vivu
involuntariu,
de vivu per agora,
vecín de díes
que llacerien l'empeñu
y qu'anubren les voces del coraxe.

Clamor de desbentíu ye lo que queda,
opacidá,
estragu.

Y cuando escampla
torna la esperanza pal so vezu.

Aporfiáu enfotu.

NACEN días hostiles,
de puro desencuentro,
días aciagos, con calles
por las que corre un aire de rigores
y un rumor de derrumbes,
donde ejerces tu oficio de vivo
involuntario,
de vivo por ahora,
avecindado en días de reveses,
en días tortuosos
que laceran las horas
y degüellan las voces del coraje.

Clamor de precipicio es lo que queda,
opacidad,
estrago.

Y cuando escampa,
regresa la esperanza a la rutina.

Porfiado afán,
se vive.

AYENU ye'l futuru

Mentanto,
acarrétate'l tiempu
escontra los tos díes,
abondos o atuñones,
prestosos o avesíos,

y puxa la esperanza
anque conozas toes les sos falancies.

Identidá de vivu.

AJENO es el futuro.

Entretanto
tenaz te acarrea el tiempo
hacia los días propios,
exiguos o abundantes,
acerbos o felices,

y la audaz esperanza te conforta
aun conociendo sus ficciones.

Identidad de vivo.

ESA CAI bulliciega
que lleva a los llugares prodixosos
de los trasgos
y les torres de vientu.

Esa cai
al volver la esquina de tolos pasaos
y presentes,
de tolos futuros,
camín del encantexu y de la fábula.

Esa cai,
real como los cuentos
de los hermanos Grimm
y del diañu burllón,
pela que cueles pente los díes
descontándolos.

Suxestión del instintu.

ESA CALLE entercada
que lleva a los lugares portentosos
de los trasgos
y las torres de viento.

Esa calle a la vuelta de la esquina
de todos los pasados
y futuros,
de todos los presentes,
camino del prodigio y de la fábula.

Esa calle, real como los cuentos
de los hermanos Grimm
y los duendes burlones,
por la que avanzas a través de los días
animosamente,
descontándolos.

Seducción del instinto.

POR ESTI AZAR d'atopanos
n'Uviéu, Kapurthala o Sidney
o en cualquier requexu del planeta,
alendando maquinalmente,
sía de día o de nueche, y pensando en mañana
(mientres dalgunos vendimien o faen l'amor
o esguilen la paré del Picu Urriellu
mentanto tas lleendo esti poema),
¿qué preciu pagamos
sinón la circunstancia de tar vivos?

¿Quién nel so reutu xuiciu y el so cabal instintu
podría llamentase?

Pero ¡ai de les víctimes!

POR ESTE AZAR de hallarnos
en Oviedo, en Kapurthala o Sídney
o en cualquier recoveco del planeta
respirando maquinalmente,
sea de día o de noche, y pensando en mañana
(mientras otros vendimian o hacen el amor
o escalan la pared del Pico Urriello
en tanto estás leyendo este poema),
¿qué precio hemos pagado
sino la circunstancia de estar vivos?

¿Quién en su recto juicio
y en su cabal instinto podría lamentarse?

Pero ¡ay de las víctimas!

NUN LLOGRÓ amazcarase tres el güeyu del gatu
y dempués simuló una falsa confianza
procurando vivir cola grave prudencia
d'aquel que pescudó retrayíos enigmes
y alcanzó a saber sobre sí mesmu
que ye asemeyáu a cualquier otru.

Mas él sigue creyendo qu'achisbando
tres el güeyu del gatu
consiguiría descifrar increyibles misterios.

NO LOGRÓ camuflarse tras el ojo del gato
y después simuló una falsa confianza
procurando vivir con la grave prudencia
de quien ha averiguado recónditos misterios
y ha llegado a saber acerca de sí mismo
que es semejante a cualquier otro.

Mas él sigue creyendo que emboscado
tras el ojo del gato
hubiera conseguido resolver fascinantes enigmas.

Malditas fronteras:
tú, yo, ella, él.

J. O.

1

NUN TENGO mar,
llendo colos otros.

Nun tenemos mar
sinón fronteres divisories.

Tres les llendes,
ún.

2

Baxo distintes pieles,
lloñe,
desconocíos.

Si fuera tu,
atoparía razones pa querete.

Si fueres yo,
probablemente me querríes.

Malditas fronteras:
tú, yo, ella, él.

J. O.

1

NO TENGO mar,
limito con los otros.

Nunca tuvimos mar
sino fronteras divisorias.

Tras nuestras lindes,
uno.

2

Bajo distintas pieles,
lejos,
desconocidos.

Si fuese tú,
encontraría razones para amarte.

Si fueras yo,
probablemente me amarías.

REOS d'esistir,
xiblen,
tararien les notes agrandaes
de les sos vides, caún
solitariu inquilín de la so piel,
igual Agamenón que'l so gocheru.

Momentáneos.

CONVICTOS de existir,
silban,
tararean las notas agrandadas
de sus vidas, cada cual
solitario inquilino de sí mismo,
igual Agamenón que su porquero.

Momentáneos.

FUERA l'agua
y aquel venir a menos de lo claro
onde'l final de la mirada topa
contra'l muriu abuxáu de la tarde.

Y hubo'l desinterés de les pallabres
negándose a llegar,
el xestu fondamente cuayáu
de reserva, de nun saber,
d'ocupar un llugar nel intre de la tarde
destináu a l'escaecimientu d'igual mou.

Nada va encantexate —pienses llueu—,
ainda abondes les gotes
y aquella lluz de plomu arrodiando.

FUERA la lluvia
y aquel venir a menos de lo claro
donde el final de la mirada topa
contra el muro grisáceo de la tarde.

Y hubo el desinterés de las palabras,
negándose a acudir,
el gesto, hondamente anodino,
de reserva, de no saber,
de ocupar un lugar en el transcurso de la tarde
destinado al olvido de igual modo.

Nada vendrá a seducirte —piensas luego—,
aún tenaces las gotas
y aquella luz de plomo circundando.

SOBRE'l paséu
verdemarielles flores d'alcacia.

Camines per razones monótones
y díes que nun sabes vivir
d'otra manera.

Nada nin naide
asocede mentanto.

Y allá na oriella, el mar
fola tres fola.

SOBRE el paseo,
verdeamarillas flores de acacia.

Caminas por razones monótonas
y días que no sabes vivir
de otra manera.

Nada ni nadie ocurre
mientras tanto. Desplome.

Y allá en la orilla, el mar
ola tras ola.

CALLA y medita pa sí
y diz pa sí per un momentu,
ya inventa ales d'Ícaru y de cuélebre
pa llegar.

Dempués guarda'l momentu nel caxón
y alcuéntrase más solu.

SE CALLA y piensa para sí
y dice para sí por un momento
e inventa alas de Ícaro y de cuélebre
para llegar.

Después guarda el momento en el cajón
y se siente más solo.

EN DÍES ablayaos
llargu ye'l trechu de la espera
—nun escampla—
y el pruyimientu de saber que naide,
nin noticia o alliviu,
nun van acudir a esi presente de penuria
y al retrayíu interior de ventanes sellaes
onde l'idioma enteru ye un intrusu.

Esos díes
de cais ensin propósitu
y esmolición darréu
cuando podríes cambiate por cualquiera.

EN DÍAS de penuria
largo es el trecho de la espera
—no escampa—
y la canción más triste aun si es posible
o el descalabro de saber que nadie,
ni noticia, ni alivio,
van a acudir a ese presente huraño
y ese interior retraído
de ventanas selladas
donde el idioma entero es un intruso.

Esos días
de calles sin propósito
y vacuidad abrumadora
cuando te cambiarías por cualquiera.

Dulce maerenti, populus dolentum.

LUCIO ANNEO SÉNECA

TAS MANCÁU,
daqué, daquién, llaceriό la to templanza
y esa sonrisa orniamental
que dacuando pinga de los tos güeyos
graves.

Y sóbrente razones pa dolete.

Mal de munchos,
únicu consuelu.

Dulce maerenti, populus dolentum

LUCIO ANNEO SÉNECA

ESTÁS HERIDO,
algo, alguien, laceró tu templanza
y esa sonrisa ornamental
que a veces cuelga de tus ojos
graves.

Y te sobran razones para dolerte.

Mal de muchos,
único consuelo.

POR QUÉ tu,
por qué yo,
por qué otros enantes
y dempués,

cavilgaba'l babuín
acaso.

POR QUÉ tú,
por qué yo,
por qué otros antes
y luego,

cavilaba el babuino
acaso.

SO LOS DESMAYOS de los salgueros
fuimos quiciabes dioses menores,
per momentos alloñábase'l mar
col refluxu
na fixeza indulxente d'agüeyalu.
Altos, los cirros.

Dioses mínimos lloáos
pol rindíu esbarrumbu de les cañes,
dioses precarios ensin sabelu
y, mientres,
sobre la piel del aire,
el retumbu a tresmano del mar en retirada.
Tierra adientro, les llombes.

BAJO LOS SAUCES de largas cabelleras
fuimos tal vez dioses menores,
por momentos
se distanciaba el mar con el reflujo
en la fijeza perezosa de los ojos.
Altos, los cirros.

Dioses breves loados
por el manso derrumbe de las ramas rendidas,
mínimos dioses sin saberlo
y, mientras,
sobre la piel del aire,
el retumbo a trasmano del mar en retirada.
Tierra adentro, las lomas.

TU ELLÍ.

Llegabes
y naide se sorprendía de vete.

Toos te conocíen
nesa secuencia de l'acordanza
cada vegada más borrosa.

Ellos nun te recuerden.

Tú allí.

Llegabas
y nadie se sorprendía de verte.

Todos te conocían
en esa secuencia del recuerdo
cada vez más borrosa.

Ellos no te recuerdan.

Y ÉL,
cada vegada más escasu, más resumíu
tres tantos proyeutos
y aquella ruina seguridá
insistente,
sigue caminando ensin parada
como si entá tuviera a mano la utopía.

Y ÉL,
cada vez más angosto, más resumido
tras tantos futuribles
y aquella desmedrada certidumbre
pertinaz,
continúa caminando
impenitente
como si fuera aún alcanzable la utopía.

MAYU tará a la espera o será agostu,
pa ochobre acasu o por xineru,
avientu pue.

Mas —confirmáu— llega,
siempre llega.

Sería preferible que pasara de llargu,
canta'l cucu.

MAYO estará a la espera o será agosto,
para octubre tal vez o por enero,
diciembre puede.

Mas —confirmado— llega,
siempre llega.

Sería preferible que pasara de largo,
canta el cuco.

CUANDO NIN TU nin yo nin espérame,
dalgunos y dalgunes van escoyer regalos
pa los cumpleaños y les fiestes
en díes y nueches reconocibles y tamién acordies
colos cielos y les llunes de Giordano Bruno
o de les Venus paleolítiques.

Tu y yo, mentanto y a pura eternidá,
facemos el camín.

¡Celebremos el viaxe!

CUANDO NI TÚ ni yo ni espérame,
otros y otras elegirán regalos
para los cumpleaños y las fiestas
en días y noches reconocibles y aún acordes
con los cielos y lunas de Giordano Bruno
o de las Venus paleolíticas.

Tú y yo entretanto y a pura eternidad
andamos el camino sin antes ni después.

¡Celebremos el viaje!

ÍNDICE

DÍES DE DAQUIÉN
DÍAS DE ALGUIEN

DÍES RELLUMANTES / *DÍAS REFULGENTES*

DÍES D'ÁRBOLES Y PÁXAROS
DÍAS DE ÁRBOLES Y PÁJAROS

DAQUIÉN / *ALGUIEN*

Esta obra
se acabó de imprimir
con los auspicios de
Charo Fierro y
Antonio J. Huerga, editores

FINIS CORONAT OPUS